Hvor blå kan man bli'

Fem år med digte til bluesmusik

MIX
Papir fra ansvarlige kilder
Paper from responsible sources
FSC
www.fsc.org
FSC® C105338

Hvor blå kan man bli'
Fem år med digte til bluesmusik

Tekster fra SmallStars Blues Jam, Vordingborg
2015-2020

af

Marianne Christensen

Af samme forfatter:

Bogudgivelser
Bidrag til antologien "Ord i Nord",
ISBN 91-85189-15-4
B4PRESS 2005

Bidrag til STORDSTRØMMEN, Antologi 2015,
Forlaget Ravnerock, ISBN 978-87-93272-01-9

Blå måne skinner hvidt lys, digte
Books on Demand 2018
ISBN: 97888743001478

Fløjtende ligegyldige bekymringer, digte
Books on Demand 2019
ISBN: 9788743012108

Det sidste led – et liv uden børn
Interviewbog i samarbejde med Dorte Roholte
Mellemgaard 2020
ISBN: 9788772187587

Mundtlige værker:
Marie Gubbe, 24.7.1716
En flig af mit hjerte
Fra hestevognspassager til motorbølle
Fortællinger fra Lolland

”Somme tider

skal vi lytte

mere

til det,

der aldrig bliver sagt.”

Marianne Christensen

Indhold

Forord af Michael Spike

SmallStars Blues Jam tog sin begyndelse i efteråret 2015. Henrik, Jonas, Christian og jeg blev spurgt, om vi ville være husorkester. Vi skulle være det faste band, der bakkede "jammere" op på scenen. Henrik havde jeg kendt i mange år, og Christian havde jeg spillet med i et par år. Jonas mødte jeg første gang til vores debutjob på Amigobar i Vordingborg sommeren 2015. Kort tid efter blev vi spurgt, om vi ville være husorkester til jamaftener/åben scene på Small Stars.

Jam-aftenerne blev fra begyndelsen en stor succes og et tilløbsstykke. Der kom sangere og musikere fra nær og fjern. Vores opgave som band var ikke blot at bakke musikerne op, men så sandelig også at sørge for, at de følte sig trygge ved at stå på scenen. For nogle var det grænseoverskridende at stille sig op på scenen, og det krævede fuld tryghed og opbakning fra bandet.

Den første aften dukkede Marianne op. Vi kendte allesammen Marianne i forvejen fra lokalområdet. Marianne blev opfordret til at fortælle en historie til musikken, men hun sagde nej den første aften. Næste gang ville hun gerne recitere et digt, altså en form for "spoken words", og vi opmuntrede hende til at gøre det og lovede, at vi nok skulle bakke hende op med en simpel bluesrundgang. "Jeg er ikke nogen sanger, og jeg er ikke særlig musikalsk" sagde hun. "Pyt med

det. Bare kom på scenen, så hjælper vi dig på vej, det
skal det nok gå!"

Egentligt er blues underlagt nogle stramme regler,
et akkordforløb i fire eller otte rundgange. Det med
fire er i hvert fald vigtigt. Det var Marianne ligeglad
med. Hun kom ind, hvor det passede hende, og det
var dybt charmerende. Vores opgave var så at fange
hende, hvor hun var, og ikke overdøve hendes ord.

Hendes tekster var seriøse emner som #MeToo, da-
ting, Corona osv., men de var også sjove og finurlige
og altid med et lille tvist, der fik salen til at grine.
Hun havde salen med hver gang.

Det lykkedes Marianne at lave den ene succes efter
den anden, og hun blev efterhånden et indslag, som
publikum forventede hver gang. Hun lykkedes med
at overvinde nervøsiteten ved at recitere sine digte
overfor et publikum og at være med i en orkester-
sammenhæng.

Vi var flere, som efter 15-20 jamaftener sagde til
hende: "Så nu har du til et album", eller " Skulle du
ikke tage og udgive disse digte". Det har hun så valgt
at gøre nu, og jeg synes, at hun er lykkedes ovenud
godt med resultatet. Og jeg, som deltagende musiker
i de fleste af teksterne, får nogle dejlige flashback til
nogle storslåede aftener og oplevelser med Marianne
og mange af de andre jammere.

Jeg synes, det var modigt og godt, da hun den første aften tog skridtet til at stille sig op på scenen, sårbar som man er deroppe, og levere gode indslag til kulturlivet i Vordingborg og opland.

Rigtig god læsning og god fornøjelse i Mariannes selskab.

Michael Spike
Trommeslager i Husorkesteret "SmallStars bluesband" ved ca. 35 jamaftener.

8. oktober 2020

"Er du her Marianne?"

Jonas Bækkeskov Hansen, guitarist og sanger, kigger fra scenen ud over publikum i den store sal på STARS. Coronarestriktionerne forhindrer os i at være på SmallStars, som vi plejer. Vi er ca. 60 personer samlet for at høre aftenens jammere og husorkesteret 'SmallStars Blues Band'. Jeg er helt klar, har taget teksten frem og er som altid lidt spændt. Jeg rejser mig sammen med Jesper Dabelsteen, som spiller klarinet. Publikum klapper ivrigt, mens vi går op på den store scene. Mikrofonen bliver sprittet af, Jesper spiller en lille intro, og så er vi i gang med et af mine digte skrevet til dagen….

Fem år tidligere

Torsdag d. 3. september 2015 kl. 19:10 sidder jeg ved et af de små, runde caféborde på spillestedet SmallStars i Vordingborg. Jeg er klar som lytter til en blueskoncert og har ingen fornemmelse af, at denne aften skal blive skelsættende for mit virke som historiefortæller gennem de næste mange år.

Omkring hvert bord er anbragt 4 stole, og der er plads til ca. 50 personer i lokalet. Rummet er et tidligere butikslokale, nu med sortmalede vægge og en lille forhøjning, der fungerer som scene i det ene hjørne ved en stor butiksrude ud mod gaden. På scenen står et klaver, en bas, et trommesæt og et par guitarer. Nogle musikere går rundt og tjekker mikrofoner, ledninger, stik og hvad der ellers skal tjekkes før en koncert. Lyset er tændt i lokalet, der er ingen projektører på scenen, og det er lyst udenfor.

Lidt senere kommer en god, mangeårig ven ind i lokalet.

"Long time no see," siger han og sætter sig ved siden af mig. Jeg er lettet over ikke endnu engang at skulle sidde alene. Vi sludrer lidt om, at det er rart med et nyt tiltag i byen, og vi glæder os begge til en aften med god musik. Han spiller selv violin, så måske er der her en mulighed for, at han kan jamme med senere.

Flere gæster kommer sivende efterhånden og sætter sig rundt omkring. Folk småsnakker dæmpet, og jeg kan fornemme en forventningens glæde. Klirrende flasker høres fra baren, hvor nogle frivillige medarbejdere som sædvanligt er veloplagte og i godt humør. Bandet går på scenen præcist kl. 19:30 og slår tonen an til den første bluesmelodi. Vi er i gang.

Musikken swinger harmonisk, og de fire musikere spiller præcist så kompetent, som jeg havde håbet på og forestillet mig. Endelig er der kommet et nyt tiltag, hvor vi kan høre god, gedigen bluesmusik. Det forlyder, at hvis det bliver en succes, skal det fortsætte hver torsdag indtil jul. Allerede ved første tone kan jeg mærke, at det her arrangement bliver en god oplevelse. Den første torsdag i måneden skal fra nu af være min faste bluesaften.

I første pause kommer Jonas hen og hilser på mig. Han sætter sig ved mit bord. Han ved, jeg fortæller historier, for jeg inviterede ham som musiker til den første fortællefestival, jeg arrangerede i Vordingborg et par år tidligere. Dengang spillede han musik i en forestilling med en historiefortæller.

"Marianne, jeg kom til at tænke på, om du ikke kan gå op på scenen og fortælle en blueshistorie på to minutter sammen med musikken? Det er jo jam det her."

Jeg kan med det samme fornemme, at det er et vigtigt spørgsmål, men overvældet af blufærdighed blandet med ærefrygt svarer jeg: "Nej, det kan jeg ikke." Han er vedholdende, men jeg holder fast. Jeg ved, jeg ikke kan improvisere til den musik, og i øvrigt er jeg kommet for at være gæst og nyde, ikke for at yde.

Andet sæt går i gang. Jeg sveder, for frøet er sået, og jeg kæmper for ikke at give det næring. Tankerne farer rundt i vild forvirring. Skulle jeg alligevel prøve? Har jeg en historie, der kan bruges? Nej, jeg gør det ikke.

Efter andet sæt kommer Jonas igen ned til mit bord.

"Marianne, jeg har tænkt over det igen, og det er ikke et spørgsmål, om du vil. Næste gang, om en må-ned, kommer du med en lille historie, som du fortæl-ler sammen med musikken. Du kan lige så godt springe ud i det. Jeg tror på, at du kan."

Den samtale sætter gang i så mange tanker og overvejelser, at det kommer til at fylde mit sind på mange måder fremover og rejser en masse spørgsmål. Er det ikke fjollet at begynde på noget helt nyt nu? Jeg er lige fyldt 61. Kan jeg overhovedet finde ud af at fortælle til musik? Jeg har fortalt historier i mange år efterhånden, både nogle jeg har læst og lært og nogle, jeg fortæller fra mit eget liv. Men det er nemt, når jeg ikke er afhængig af andre end mig selv, og der er som regel god tid til at improvisere og at rulle en historie ud i mit eget tempo. Det er noget andet, når man skal være sammen med musik, hvor man følger bestemte mønstre.

Dagen efter ringer jeg til en ven, Kiwi, som synger og spiller en masse bluesmusik. Jeg spørger ind til reglerne i den slags musik, når man skal skrive tekster. Han fortæller mig, at der ikke er nogen regler, men at den skal være i 12 takter. Han synger i telefonen: "I woke up this morning, and my baby was gone, …"

"Det er nogenlunde sådan, det er i blues," siger han og griner.

Jeg har ingen begreb om takter og musik i det hele taget, så han lover at hjælpe mig. Vi aftaler et møde, og nu er jeg temmelig tændt på idéen om at forsøge mig med at skrive en historie, der kan blive til en sang.

Idéerne og modet

Tankerne svirrer konstant rundt. Har jeg oplevet noget 'blues' i mit liv? Noget der kan fortælles til andre? Kan jeg overhovedet finde ud af det med vers og omkvæd osv. Og hvordan er det med rim, skal der være rim i blues?

Egentlig synes jeg, at mit liv har været godt og spændende, og de mørkere sider er jo meget private og egner sig måske ikke til at blive fortalt om offentligt. Jeg begynder at lytte mere intenst på YouTube til bluesnumre og lægger mere mærke til indholdet i teksterne og rytmen i musikken. De fleste tekster handler ganske åbenlyst om ulykkelig kærlighed, svigt og bedrag, uopnåelige drømme og nedture i livet. Det er almene temaer, som mange mennesker kender. Det lader også til, at en overvejende del af teksterne handler om mænd, som synger nedsættende om kvinder. Jeg konstaterer, at der mangler tekster om kvinders synspunkter i bluesmusikken.

Jeg tænker mit liv igennem. Når jeg skriver, har jeg et motto, som jeg forsøger at overholde: 'Sig det, som det er'. Somme tider kan sandheden være barsk at se i øjnene, og livet er ikke altid lige kønt eller en dans på roser. Hvis jeg skal være helt ærlig, så har der været masser af eksempler på ulykkelig kærlighed, mislykkede forhold og sorger i mit liv. Det er ikke noget, jeg går og kerer mig om til dagligt, for jeg har et positivt og et lyst sind, og jeg er et produkt af det liv, jeg har levet indtil nu. Selv om mange synes, de kender mig, er der en del af min livshistorie,

som kun de færreste kender til. Eftersom meget af
det for længst er kommet på afstand og bearbejdet,
kan jeg vel nok begynde at omsætte det til små histo-
rier, der kan fortælles til musik.

Jeg har en klar følelse af, at hvis jeg skal skrive
tekster til bluesmusik, så skal de være autentiske og
tage udgangspunkt i mit eget liv. Når jeg selv lytter
til musik, har jeg størst fornøjelse af den slags, hvor
jeg kan mærke, at der er noget på spil i teksten. Uan-
set om det er sandt eller ej, så skal det føles trovær-
digt.

Jeg kommer til at tænke på, da jeg mødte min før-
ste mand. Han forførte mig på dansegulvet efter en
koncert med C.V. Jørgensen i Kirkeskovspavillonen i
Vordingborg. Jeg var 24 år og kastede al moral over
bord, så jeg inviterede ham med hjem samme aften.
Vi elskede hele den nat og næste dag. Det var kærlig-
hed ved første blik, og vi svævede begge rundt i en
døs af lykke. Tre dage senere hentede vi hans kom-
mode på hans lejede klubværelse, og han flyttede ind
hos mig i min lille etværelses lejlighed.

Jeg smiler ved tanken. Vi giftede os og var sammen
i 6 år. Lykkedøsen varede desværre kun kort, for jeg
havde været uheldig, viste det sig. Han var et godt
menneske, men desværre var han også i perioder af-
hængig af alkohol. Han blev aggressiv og voldelig,
når han havde været afsted på sine drukture, så jeg
var nødt til at bryde ud af ægteskabet igen. Flere
gange kom han fuld hjem og smadrede i bogstavelig

forstand vores hjem og overfaldt mig, så jeg måtte
kæmpe for mit liv. Det vækker mange minder, både
gode og dårlige, om løgn, utroskab og svigt, mistro
og bristede drømme. Jeg kan mærke følelserne i
kroppen igen, selv om det for længst er overstået.

Jeg kommer også i tanker om en helt anden epi-
sode, hvor jeg i en anden periode mødtes lidt med en
mand, som dog ved nærmere bekendtskab viste sig at
være gift. Det forhold havde jeg bestemt heller ikke
lyst til at være i.

Kombinationen af en lang række erfaringer bliver
skrevet ned i stikordsform og bliver efterhånden til
den allerførste historie, som jeg kalder 'Mariannes
blues'.

Kort tid efter mødes jeg igen med Kiwi, og vi taler
igennem, hvordan det hele kan arrangeres, men han
kan desværre ikke deltage den aften, der er Blues
Jam. Til gengæld får jeg kontakt med en anden guita-
rist, René, som er frisk til at stille op for at akkom-
pagnere mig på selve aftenen. Vi mødes en enkelt
gang og øver.

Det er længe siden, jeg har haft så meget hjerte-
banken før en optræden, men det her er helt nyt og
uprøvet, jeg er i en ny sammenhæng med musikere,
som jeg kun kender overfladisk, jeg kan ikke synge,
og jeg har aldrig før prøvet at fremsige vers til musik.
Jeg har lært teksten udenad og øvet mig mange
gange.

Jeg gør det

Torsdag den 1. oktober 2015 møder jeg igen op på SmallStars og finder en plads. Lokalet bliver hurtigt fyldt, det er rygtedes, at der er god musik i byen. Jeg begynder at svede, de små hår på armene rejser sig. Jeg kan nå at fortryde, men omvendt så har jeg skrevet min tekst, og jeg har glædet mig.

En aften foregår sådan, at husorkesteret spiller det første sæt, og i pausen kan man melde sig til at jamme i et af de næste to sæt. Med dunkende hjerte, rystende hænder og tilbageholdt åndedræt går jeg op til scenen for at blive skrevet op til at være med. Mine ben ryster, da jeg lidt inde i 2. sæt går på scenen for at optræde første gang til SmallStars Blues Jam.

Jeg ser ud på publikum, som er kommet for at høre musik, ikke for at høre min hjemmelavede tekst fra mit liv, og jeg gruer for, om jeg bliver buhet ned fra scenen igen. Lige der betyder det noget for mig, hvad folk mon tænker, for det er en grænseoverskridende situation for mig at være i. Der er mange stemmer i lokalet, folk taler glade sammen, da Jonas annoncerer, at nu er jeg på. Jeg samler mig sammen. Jeg har prøvet at optræde mange gange før, og publikum ser søde og venlige ud. Jeg venter, til der er helt ro.

René begynder med et lille forspil på guitaren, og jeg begynder at fremsige min historie. Min stemme føles lidt klemt, men der er heldigvis mikrofon, så den går godt igennem. Der bliver helt stille i lokalet, folk lytter. Lettelsen gør det nemmere at komme igennem alle versene, så efterhånden kommer skuldrene lidt ned, og stemmen bliver mere åben. Jeg fornemmer, at jeg har god kontakt til publikum. Til min store glæde og overraskelse lyder der et bragende bifald bagefter. Jeg bukker og takker. Jonas roser mig og siger, at jeg gerne må komme med en ny tekst næste gang også. Jeg tager ydmygt imod hans kompliment og kan mærke, at jeg har lyst til mere.

Herefter tager det fart. Jeg søger videre i mit erindringslager, lytter interesseret til mere musik i radioen og på YouTube. Jeg finder på nye emner og tekster og går på scenen igen og igen med stadigt større mod. Når jeg er på scenen, forsøger jeg febrilsk at holde takten og falde ind de rigtige steder i musikken. På et tidspunkt får jeg aftalt et møde med pianisten Martin Valsted, som indspiller en grundrytme til mig på klaver, så jeg har noget at øve til. Det viser sig at være en stor hjælp, selv om jeg ikke altid helt kan holde mig til rytmen, når jeg skriver teksterne.

Jeg har altid haft svært ved at synge og at holde en bestemt rytme i lang tid. Min mormor var en dygtig pianist og organist, og hun havde flere gange understreget, at det var synd, at jeg ikke kunne synge, men heldigt at jeg til gengæld var dygtig til håndarbejde. Som barn blev jeg efter mit eget ønske, men nok mere min mors, sendt til klaverundervisning hos en temmelig skrap klaverlærerinde, der på ingen måde kunne forstå, at jeg ikke kunne kombinere og bruge begge hænder på tangenterne samtidig Jeg fik det samme lille, for hende, latterligt lette, stykke for

mange gange efter hinanden. Til trods for at jeg
øvede og øvede med min mor siddende ved siden af
og med tårerne trillende ned ad kinderne, lykkedes
det mig ikke at lære det. Et halvt år og søer af salte
tårer senere fik jeg endelig lov til at stoppe denne tor-
tur. Senere som teenager forsøgte jeg mig med gui-
tarspil, men det lykkedes heller ikke, for jeg kunne
ikke skifte akkorder og slå strengene an samtidig. Jeg
har nogle gange igen som voksen forsøgt mig med
både klaver- og guitarspil, men har nu definitivt ind-
set, at det ikke er der, min energi skal lægges. Til
gengæld kan jeg godt se på noder, om tonerne går op
eller ned.

En af de faste publikummer siger hver gang 'Du
bliver bedre og bedre', og jeg glæder mig over frem-
gangen. Jeg kommer ud over følelsen af, at det er
pinligt, når jeg rammer ved siden af. Det er trods alt
bedre at prøve og måske fejle end slet ikke at prøve.
Jeg har optrådt mange steder som historiefortæller i
andre sammenhænge i mange år, og jeg føler, at jeg
hviler i mig selv på scenen, når jeg slapper af og ta-
ger tingene, som de kommer.

Musikerne begynder så småt at nikke anerkendende
undervejs, og jeg kan se, at de også slapper mere af,
efterhånden som jeg bliver bedre til at ramme tak-
terne og falde ind nogenlunde de rigtige steder. Jeg
forsøger at afkode de interne - for mig ukendte - reg-
ler undervejs. Jeg lærer, at der er et forspil, hvor mu-
sikerne finder hinanden, aftaler toneart og rytme.
Øjenkontakt indbyrdes er vigtig, og jeg er afhængig

af den. Jeg må bede om signaler fra den, der styrer det pågældende nummer. En enkelt gang kommer jeg til at sige, hvordan jeg forestiller mig arrangementet. Det bliver påtalt, og jeg tolker det som, at det ikke er en god idé, at jeg blander mig i det.

Det må være ret anstrengende for musikerne at spille sammen med mig, dels fordi de ikke kender teksten, og dels fordi jeg ikke er helt sikker på rytmen. Jeg beundrer deres færdigheder, og jeg er dybt taknemmelig for deres tålmodighed og støtte til mig.

Efterhånden bliver min optræden af nogle kaldt for kult. Jeg bliver opfordret til at lave en cd med mine tekster, og der kommer forslag om at optage i studie og lignende. Det ryster mig lidt, fordi jeg virkelig opfatter mig selv som en glad amatør. Og eftersom jeg anser det for at være et hobbyprojekt, afslår jeg alle idéerne og synes, det er vildt overdrevet at foreslå det. Jeg tror heller ikke rigtigt på, at nogen skulle være interesseret i at høre mig optræde med mine meget personlige tekster andre steder end på Small-Stars, hvor gæsterne kender mig. Jeg kan dog tydeligt fornemme, at teksterne ofte rammer dybt ind hos publikum, fordi min historie også er deres historie.

Hvem har ikke oplevet ulykkelig kærlighed, at blive svigtet og ikke at få sine drømme opfyldt? Jeg kan mærke på publikum, når mine ord stemmer sammen med deres erfaringer. Mange gange oplever jeg, at én fra publikum kommer hen til mig bagefter og hvisker mig i øret: ”Det er min historie, du lige fortalte der." Det giver et sug i maven og en stor glæde over, at de fortæller mig det. Det er sådanne oplevelser, der giver mig mod og lyst til at fortsætte. Der er mange temaer, der trænger til at blive sagt højt og omtalt, og når jeg har modet, føler jeg, at jeg kan og bør være en stemme for både tabuer og almindelige hverdagstanker. Jeg føler mig båret igennem og drevet videre af publikums positive reaktioner.

Som tiden går, bliver stampublikum større og større, folk kommer langvejs fra til disse bluesaftener, og de optrædende musikere blander sig på kryds og tværs. Der opstår nye bands udenfor aftenerne. Jeg føler mig rigtig godt hjemme, møder en masse nye bekendte og får gode venner blandt publikum. Jeg lærer lidt om musik og tekster ved at se og høre de andre optræde. Stadig takket være publikums reaktion og positive beskeder på Facebook, får jeg også mod til at optræde med andre end det faste band. Der er aftener, hvor der kun er klaver eller en guitar med, og alt sammen er bare hyggeligt og spændende.

Der opstår et rart fællesskab, når vi mødes, stemningen er varm, kærlig og rummelig både for publikum og for alle, der byder ind med noget og går på scenen. Jeg bliver fortalt, at det nærmest forventes, at jeg går på scenen med en tekst hver gang, og at jeg er velkommen til at gentage tidligere tekster. Men jeg har besluttet, at jeg indtil videre kun går på, hvis det er lykkedes mig at skrive en ny tekst til den pågældende aften. Jeg når ikke altid at lære teksten udenad, så jeg har den med på scenen, for det er vigtigt for mig, at jeg siger ordene nøjagtigt, som de er skrevet.

Ofte kniber det stadig med at finde idéer til teksterne, for jeg løber hurtigt tør for 'blå' oplevelser fra mit eget liv. Jeg lytter stadig mere til blues og forsøger at få inspiration til teksterne ad den vej. Jeg melder mig til sangskrivermøder og -kurser og får inspiration og hjælp til at blive ved med at finde på. Så vidt muligt går jeg efter at give teksterne et strøg af humor, for selv om det er blues, skal der alligevel efter min mening være et glimt i øjet og en ret stor portion selvironi i temaerne.

Indimellem efterlyser jeg idéer til temaer på Facebook, men der kommer kun få forslag, så jeg begynder i højere grad at observere hverdagssituationer, komiske oplevelser og andre finurligheder, der kan bidrage til nye tekster. Det er sket flere gange, at jeg har hørt noget, som har inspireret til at skrive en ny tekst på selve dagen, hvor jeg har fortalt den om aftenen. Det er sket på tidspunkter, hvor jeg troede, der ikke ville komme en tekst, fordi jeg var uinspireret eller ikke havde noget på hjerte. Jeg lærer at lytte til min intuition i endnu højere grad end før, og jeg lytter på en anden måde til musik og samtaler.

Der er faktisk inspiration alle vegne, når man er opmærksom på det. En samtale, jeg overhører i et supermarked, en tur i Ikea, en venindes fortælling om ulykkelig kærlighed, en overskrift i en avis eller noget helt sjette. Jeg kan høre et enkelt ord eller en sætning, som kan danne udgangspunkt for en hel tekst, eller jeg tænker på et bestemt tema. Ønsket om et bestemt rim kan også somme tider forme teksten. Det vigtigste er, at jeg er helt åben, når jeg skriver om noget, jeg har oplevet selv, at jeg tager, hvad der kommer til mig. Jeg må gerne vise min sårbarhed og sige det, som det er. Jeg har en meget striks indre kritiker, som konstant blander sig og siger, at det ikke er godt nok, at det ikke interesserer andre, at jeg skal tie stille og alle mulige andre dumme tanker, som jeg må sætte på pause, når jeg skriver. Jeg vælger at tro på, at når jeg har fået idéen, er der helt sikkert nogle blandt publikum, der har brug for at høre lige den tekst.

Jeg er ofte blevet spurgt, om det, jeg fortæller om, er noget, jeg selv har oplevet. Jeg har levet længe og oplevet mange ting i mit liv, så det meste kunne være mine egne oplevelser. Men jeg bliver også inspireret af andres oplevelser og holdninger, så det er ikke altid mine egne tanker og overbevisninger, der gives udtryk for i det enkelte tekster. Jeg kan for eksempel blive inspireret af noget, der undrer mig, en bestemt holdning eller et synspunkt, jeg ikke deler. Det er interessant at udforske sådanne forskelligheder og at vende tingene lidt på hovedet. Jeg skriver også somme tider for at blive klogere på mig selv.

Hvis et tema virker grænseoverskridende, lidt for tæt på eller måske for frækt, tænker jeg altid, "Hvad er det værste, der kan ske?". Og når jeg virkelig har givet los og skrevet noget, jeg kan mærke er lige på kanten, er det ofte der, publikum griner mest.

Kunsten består i at omsætte en spæd idé til nogle få strofer med rim og i en form, som de fleste vil kunne genkende. Det er ikke min ambition at skrive sange med omkvæd og særlige overgange, som jeg troede i begyndelsen. I stedet foretrækker jeg en fortløbende historie, der flyder på strofer uden omkvæd. Somme tider lykkes det fint, andre gange bliver det knapt så godt, men altid klapper publikum venligt.

Det er forskelligt, hvor lang tid jeg bruger på en tekst. Somme tider har jeg været tæt på at opgive, og så kommer der pludselig alligevel en tekst, som jeg skriver ned hurtigt for derefter at pusle ordene på plads om formiddagen inden en bluesaften. Andre gange går jeg længe med et enkelt ord, en sætning eller bare en idé, hvor jeg skriver en linje ad gangen. Sådanne tekster er besværlige at arbejde med og tager mange dage at gøre færdige.

Enkelte gange genbruger jeg trods alt et nummer, som publikum har været særligt glade for, for jeg tænker på, at jeg jo også selv gerne vil høre en god historie eller en god sang igen, så det går nok an at genbruge. Somme tider bliver jeg opfordret til at synge, men det afviser jeg blankt. Der er masser af dygtige sangere og musikere, men der er ikke mange, som gør det på samme måde som jeg.

Jeg har nogle kriterier for, om jeg vil gå på scenen med en tekst. Disse punkter dækker det nogenlunde:
1. Indholdet må gerne være personligt

2. Indholdet skal være genkendeligt
3. Der må gerne være en vis aktualitet
4. Der må gerne være lidt selvironi
5. Der skal helst være et humoristisk tvist
6. Der skal være gode rim.

Mange tekster, masser af gode og rørende oplevelser og næsten fem år senere rammes vi af Coronapandemien, der sætter en foreløbig stopper for vores blueskoncerter. Jeg er nået frem til, at det måske er en god idé endelig at tage opfordringerne alvorligt og dele mine tekster med omverdenen andre steder end på scenen, så derfor har jeg valgt at udgive dem på skrift.

De fleste tekster taler for sig selv, så jeg har bare skrevet kommentarer til nogle få af teksterne med lidt baggrundsinformation.

Det skridt jeg tog ved at gå på scenen den første aften, har siden medført, at jeg fik mod til at udgive to digtsamlinger om lidt af hvert fra mit liv og en bog om at leve et liv uden børn.

Det har været og er stadig en spændende rejse at dele og øse af mine inderste tanker, og jeg håber, at du, som læser med, vil nyde turen.

Videoer

Allerede fra en af de første aftener dukker Jesper Petersen op med sit videokamera og filmer langt de fleste numre, hvorefter han bruger meget tid på at redigere optagelserne og dele dem på sin YouTube-kanal. Jeg har lagt disse klip ind på min hjemmeside, hvor de kan ses i al deres forskellige mangfoldighed. www.mariannechristensen.dk/mariannes-blues/

En kæmpestor tak til Jesper Petersen, Small Stars Blues Band og alle de dygtige musikere, som har jammet med og bakket op i årenes løb og ikke mindst tak til det trofaste og altid støttende publikum. Selvfølgelig også tak til STARS og de frivillige.

Marianne Christensen
Vordingborg, april 2021.

STARS

STARS (Storstrøms Amts Rytmiske Spillested) i Vordingborg har eksisteret siden 13.3.1998. Stedet er oprindeligt bygget som biograf og har fungeret som sådan i mange år indtil begyndelsen af 1990'erne. Bygningen ligger tilbagetrukket fra hovedgaden Algade.

I 2015 blev et tomt butikslokale ud mod Algade lejet, og det anvendes til mindre og mere intime koncerter, fællesspisning, møder m.m.

Læs mere på STARS' hjemmeside www.stars.dk

Mariannes blues 1.10.2015

*Mit allerførste, spæde forsøg. Inspirationen skulle
være lidt á la 'Hoochie Goochie man'. Teksten endte
med at blive lavet i to forskellige versioner.*

Jeg havde stået alt for længe og hængt i baren
og tænkt, om det ikke snart var på tide at gå hjem.
Så så jeg, han nærmede sig langsomt,
med et øje på klem.
"Hey du der, kom lad os danse,
Musikken er god.
Wauw, du ligner en frækkert.
Måske skal vi lege lidt vi to?""

Så vågnede jeg i morges
og ville holde hans hånd.
Han lå der godt nok i aftes,
men nu var han gone.

Jeg mærkede hans arme,
og hans kys gjorde mig mat.
"Ja, hvis du er single,
så vil jeg gerne være din skat."
"Selvfølgelig er jeg single,
hvad tror du om mig?"
Tjae, så landede vi i sengen
hjemme hos mig.

Så var det, at jeg vågnede i morges
og ville holde hans hånd.
Han lå der godt nok i aftes,
men nu var han altså gone.

Jeg ringede til ham med det samme.
”Hvor fa’en blev du af?
Du lovede mig evigt troskab,
og så stak du bare af.”
”Ja, men jeg elsker dig ikke baby,
selv om du er dejlig og skøn.
Jeg ku’ mærke, jeg savnede min kone,
og vores lille søn.”

Ja, så vågnede jeg i morges
og ville holde hans hånd.
Han lå der helt sikkert i aftes,
men nu var han gone.

”Du sa’, du var single!
Hvad sker der for dig?
Nu ligger jeg her tilbage i sengen
og længes efter dig.”
”Det er jeg sgu ked af du,
men jeg er nødt til at sige stop.
Må jeg ha’ lov at komme tilbage
og bruge din dejlige krop?

For du er for dejlig,
jeg tænder på dig.
Min kone er kedelig,
hun siger bare nej og nej og nej.”
Hvad tror I, jeg svarede?
For jeg havde jo lyst.
Han tog mit hjerte med sig,
det gjorde ondt i mit bryst.’

”Kom du bare tilbage
igen og igen.
Jeg elsker dig for evigt,
jeg vil ha’ dig igen.
Du kan bruge min krop,
lige så meget du vil.
Jeg elsker dig for evigt,
jeg vil ha’ dig igen og igen og igen.”

Jeg vågnede i morges.
Jeg ville jo bare holde hans hånd.
Han lå der i aftes,
men nu er han fuldstændig gone.

Teksten blev strammet op til 2. version.

Mariannes blues 2

Jeg stod der i baren, for træt til at gå hjem.
Han nærmede sig langsomt med et øje på klem.
"Kom nu, lad os danse, musikken er god.
Du ligner en dronning, skal vi lege lidt vi to?"

Jeg mærked' hans arme, hans kys gjorde mig mat.
"Ja, hvis du er single, vil jeg være din skat."
"Jovist er jeg single, hvad tror du om mig?"
Så vi landede i sengen hjemme hos mig.

Jeg vågnede i morges, ville holde hans hånd.
Han lå der i aftes, men nu var han gone.

Jeg ringede til ham: "Hvor fa'en blev du af?
Du lovede mig troskab, og så stak du af."
"Jeg elsker dig ikke, selv om du er skøn.
Jeg savnede min kone og vores lille søn."

Jeg vågnede i morges, ville holde hans hånd.
Han lå der i aftes, men nu var han gone.
""Du sa', du var single! Hvad sker der for dig?
Jeg ligger tilbage og længes efter dig."
"Det er jeg sgu ked af, men nu må jeg stop'.
Må jeg komme tilbage og bruge din krop?

For du er for dejlig, jeg tænder på dig.
Min kone er kedelig, hun siger kun nej.”
Hvad tror I, jeg svarede? Det var sgu et savn.
Han tog jo mit hjerte, jeg savnede hans favn.

”Kom bare tilbage, igen og igen.
Jeg elsker dig evigt, vil ha' dig igen.
Du kan bruge min krop, lige så meget du vil.
Jeg elsker dig evigt, vil ha' dig igen.”

Jeg vågnede i morges. Ville holde hans hånd.
Han lå der i aftes, men nu er han gone

Lørdagsblues 11.2.2016

Så sidder man der en lørdag aften.
Keder sig langsomt – alene igen.
Længes efter ømhed og favntag,
jeg trænger vist snart til en ven.
Men hvor er der fest og farver?
Jeg logger lige ind på scor.

Helt anonymt og uden pligter
bedriver man der det hemmelige hor
Så jeg finder en mand og tjekker ham ud,
han virker seriøs, dejlig og sød.
En moden mand i sin bedste alder,
som mangler en kvinde, der er blød.

Han savner en kvinde med charme,
en som kan holde et blik.
Jeg savner lidt ømhed og varme,
før jeg bli'r alt for antik.
Jeg savner lidt ømhed og varme,
før jeg bli'r alt for antik.

Vi tager os en chat i privaten,
udveksler drømme og savn.
Vi skriver sammen hele natten,
men jeg kender ikke hans navn.
Vi skriver og skriver og skriver
"En dag må vi mødes min ven."

”Du ved, vi skal tjekke kemien
og se, om vi skal mødes igen.”
Ja nu skal det endelig være.
Vi finder en dato, hvor begge er klar.
Spændte og tændte vi mødes.
Men ak, vi bliver et ynkeligt par.

Hvad mon gik galt i denne sag?
Vi mødtes jo for fa'en på scor
Jooo, men han glemte lige at fortælle,
at han faktisk mangler en mor?
Så sidder man der en lørdag aften.
Keder sig langsomt – alene igen.

Han ku' ha' fået kvinde med charme,
én som kan holde et blik.
Jeg savner stadig lidt ømhed og varme,
før jeg bli'r alt for antik.
Ja, jeg savner lidt ømhed og varme,
før jeg bli'r alt for antik.

Ægteskabsblues

Jeg havde mødt ham i en brandert,
ja altså hans og ikke min.
Jeg så ikke balladen komme,
jeg syntes jo bare, han var så fin.

Vi blev heeeelt vildt forelsket,
forlovet og gift i en fart.
Men glæden blev hurtigt forvandlet,
han var lige en anelse FOR smart.

Den dag, jeg gik op ad kirkegulvet,
tænkte jeg, at det var den forkerte vej.
Jeg stod foran præsten og sagde ja og ja.
Nu ved jeg, at jeg skulle have sagt nej.

Jeg så bordet fyldt med tomme flasker,
når jeg kom hjem fra mit job.
Illusionerne brast som balloner.
Det var lige der, jeg skulle have sagt stop.

Han var min mand, og jeg tilgav ham hurtigt,
første gang han smadrede huset
Og anden gang og alle de andre gange,
for staklen var jo bare beruset.

Den dag, jeg gik op ad kirkegulvet,
tænkte jeg, at det var den forkerte vej.
Jeg stod foran præsten og sagde ja og ja.
Nu ved jeg, at jeg skulle have sagt nej.

Hans barndom havde været elendig.
Det er en undskyldning, der rykker.
Men første gang han ville slå mig ihjel,
gik mit hjerte i tusind stykker.

Livet var blevet mere røget end speget,
jeg for vild i den evige lykkes trafik.
En dag blev det bare for meget,
så jeg tog mit gode tøj og gik.

Den dag, jeg gik op ad kirkegulvet,
tænkte jeg, at det var den forkerte vej
Jeg drømte jo bare om et liv i kærlighed
Nu ved jeg, at jeg skulle have sagt nej.

Skrevet 14.11. 2015.

Nye tider blues 3.3. 2016

Forleden dag kom jeg til at høre en samtale i bussen.
Det var to kvinder, som var på vej hjem fra job.
De havde været en tur i fitnesscenter
for at stramme deres smukke krop.
De talte om mænd og om deres følelser,
den ene var på randen til at få en prop.

Hendes mand havde betroet hende en ny sandhed
"Jeg synes ikke, vores samliv rigtigt har flydt.
Jeg vil have forandring i livet," sagde han,
"der skal ske noget nyt."
"Jeg vil realisere mig selv," sagde han,
"her sker jo aldrig en dyt.

Du kan være med, eller du kan gå din vej.
Jeg vil nemlig være polyamorøs.
Nu skal det være slut med kedelige mig.
Fra nu af vil jeg være grænseløs.
Jeg vil leve åbent og ha' det sjovt,
mens jeg stadig er lidt muskuløs."

Veninden lyttede stille og roligt.
Hun troede næppe sine egne ører.
"Jamen det er jo helt utroligt
og fantastisk, hvis det kan lade sig gøre.
Men hvad tænker du så egentlig?
Lad mig da lige høre."

”Tjae,” sagde kvinden lidt tøvende,
”jeg ved ikke rigtigt, hvad jeg skal sige.
Jeg synes jo, alting går nogenlunde O.K.,
så det er da en frækhed uden lige.
Men måske tror han, at lykken ligger lige der
for enden af en fiktiv himmelstige.

Jeg har altid gjort mit bedste,
jeg har født hans børn,
jeg har altid været klar til hyggeleg.
Og hvis han virkelig har så meget libido,
skulle han da give noget af det til mig.
Men jeg forstår et lille vink,
så her slutter festen, jeg siger good bye.

For nu vil jeg ud at leve livet,
Det må være slut med al det hovedbrud,
om han er utro eller ej.
Jeg vil ikke længere være prøveklud,
jeg vil ud at finde lykken,
nu vil jeg have et kæmpe overskud.”

Veninden lyttede stadig roligt.
Hun havde været lutter øren.
”Jamen det er da helt utroligt,
og fantastisk, hvis det kan lade sig gøre.
Men hvis du så ikke vil ha’ ham alligevel,
kan jeg så få ham, om jeg må spørge?”

Shoppingblues 12.5.2016

Det hænder, at der sker store ting i livet,
man skal flytte nye steder hen.
Og hvad er så vel mere end givet,
når der skal skaffes indbo til det nye hjem.
Det er da klart, man må en tur i IKEA.
Det kan man blive både glad og ke' af.

Jeg står ikke og skal flytte nogen steder.
Jeg trænger bare til lidt nyt på væggen
og leder efter livets bitte små glæder,
når der skal pyntes op i mit dejlige hjem.
Det er da klart, at jeg må en tur i IKEA
Det kan jeg blive både glad og ke' af.

Forleden tog jeg så en tur til Tåstrup.
Du milde himmel, de har bygget om!
Og der var ingen mulighed for backup,
så jeg ku' ikke finde rundt, men gik i ring.
Det er da klart, at jeg for vild i Ikea.
Det blev jeg faktisk temmelig ke' af.

Jeg skulle have været til en kæmpefest,
med masser af søde mennesker,
jeg var inviteret med som 'special guest'
Men ak, jeg nåede aldrig frem.
Jeg var nemlig faret vild i Ikea
Og det er jeg stadig rigtig ke' af.

Tænk sig nu, hvis det var der til denne fest,
at jeg havde mødt 'Mr.Virkelig Big Love'.
Så havde jeg ikke kun været special guest,
men jeg var måske faldet dybt in love.
Det skete ikke, for jeg for vild i IKEA,
og det er jeg da faktisk rigtig ke' af.

Det er ikke nemt at shoppe i IKEA,
der er folk, som forsvinder der for evigt.
Gemt og glemt i et garderobeskab,
det må være rigtig kedeligt.
Tænk at ende sine dage i IKEA,
det ville jeg være frygtelig ke' af.

Men min historie ender godt.
Jeg kom ud til allersidst.
Folk er mægtig flinke i Ikea.
Jeg fik hjælp af en sød kontorist.
"Du skal bare følge pilene i Ikea."
Så jeg slap ud ved at kigge nedad.

Bænkevarmerblues 9.6.2016

Det er så trist at gå helt i blues,
når man er til fest og farver.
Jeg kan lide at være ude af mit hus
og ynder synet af smækre larver.
Men så bli'r Facebook min lækre ven,
når jeg sidder der - alene igen.

Det er lørdag aften, grillen er tændt
rundt omkring hos naboerne i kvarteret.
Ikke hos mig, jeg venter superspændt.
Bli'r der fest i dag, bli'r jeg mon inviteret?
Næ nej, Facebook bli'r min følgesvend,
når jeg nu sidder der – alene igen.

Jeg ringer til veninden, jeg vil ud.
"Skal vi ud at danse, ud at blive mættet."
"Nej, du - jeg har lige fået besøg af Knud,
min nye date, som jeg har mødt på nettet."
Så er Facebook min allerbedste ven,
når jeg sidder der – helt alene igen.

Alle andre mennesker er så glade
og har rigtigt styr på livet.
Jeg sidder bare der på min flade
og bli'r langsomt mere og mere pivet.
Jeg kan jo altid gå en tur i biografen
eller spille Yatsy med mig selv.

Jeg tager mig sammen og går til bal.
Der er live musik og herlig stemning.
Jeg sætter mig, og i allerbedste fald
møder jeg en mand uden hæmning.
Men ak, musikken slutter hurtigt af,
jeg tager hjem efter endnu en kedelig dag.

Det er så trist at falde hen i blues,
når alle andre mennesker fester.
Jeg vil meget hellere ud af mit hus
og lytte til et fedt orkester.
Ikke mere Facebook for i dag,
der skal festes i et muntert lag.

Mange tak til Honky Tonk og friends
for at lave Blues på STARS
Nu kommer ferien sidelæns,
den gode stemning skal bevares.
Jeg vil skrive på en sommersang,
og siger mange tak for denne gang

*Honky Tonk er de samme som SmallStars Blues
Band. Teksten er skrevet til sidste aften inden som-
merferien fra Blues Jam.*

Netto-blues 1.9.2016

Hvad laver man en lørdag formiddag,
når weekenden truer forude.
For mig er det almindelig hverdag,
i livet bag min termorude.
En tilværelse uden særligt drama.
Jeg håber bare på en bedre karma.

Jeg cykler sgu en tur i Netto,
hvor jeg altid kender nogen.
Her mødes middelklassens ghetto
med Hr. Jensen og hans kone.
Mon jeg finder lykken lige her,
imellem ketchup, mel og bløde bleer?

Jeg finder mig en lille kurv,
vandrer rundt og hygger mig.
Der er tilbud på en plastikspurv,
som kan trækkes op til munter leg.
Jeg ønsker bare én at tale med,
ku' spurven måske være bindeled?

Der er plads til mange i butikken,
familier med børn og søde pensionister,
alsidighed er nemlig politikken,
her er ingen revolutionister.
Hverken drengen med det lilla hår
eller kvinden med de tykke lår.

Jeg står og kigger på buketter,
Skal jeg købe blomster til mig selv?
Jeg drømmer om de skønneste sonetter
i måneskin, og med en smule held
så møder jeg nok manden i mit liv,
men her er det vist bare tidsfordriv.

Jeg gemmer mig bag ruller med papir,
og venter på den smukke prins,
han må da dukke op i mit revir,
og lande lige her i min provins.
Ellers bliver det nemt agurketid
og slut med kærlighedens håbetid.

Ligegyldigheds- blues 7.10.2016

Når hele verden brænder,
og alting går i stå,
så sidder jeg på mine hænder,
gemmer mig bag lås og slå.
Jeg vil ikke vide noget som helst,
kan ikke gøre noget som helst.

Jeg slukker for mit fjernsyn,
når de viser krigens gru.
Jeg kan ikke tage hensyn
til andre mennesker nu.
Jeg har nemlig nok i mig selv,
de må lære at klare sig selv.

Jeg læser aldrig mer' aviser,
vil ikke høre om skatteloft.
Der skrives altid kun om kriser,
ikke noget særligt sjovt.
Jeg kan ikke holde det ud,
jeg smider avisen ud.

Hvorfor skal jeg læse
om andre menneskers ulykke,
når mit hjerte føles tomt
og brister stykke for stykke.
Jeg vil bare være i fred,
lad mig sidde her og være ked.

De kan flygte over grænser,
de kan sulte sig ihjel.
Hvem mon overhovedet ænser,
om de nu har valgt det selv.
Jeg vil gerne være fri,
det er ikke mit liv.

Hvorfor skal jeg passe på miljøet
og bruge ting igen?
Jeg blæser på, om isen den er tøet,
den kommer nok igen.
Jeg orker ikke at sortere,
og med gammelt skrald rumstere.

Bare lad de rige styre verden,
som de allerede gør.
Vi kan vel leve med smerten,
når vi ved, at folk de dør.
De kan trække deres våben
og la' os se til i måben.

Jeg drømmer om en bedre verden,
hvor alle folk har nok
hvor ingen med sin færden
behøver gå amok.
MEN jeg vil ikke gøre en forskel,
jeg er træt af den der floskel.

Nu vil jeg læse mere om de glade,
følge med i tidens trend,
Jeg vil læse ugeblade,
kende til det bedste latte-blend.
Jeg vil lytte til lidt mere pop.
Det er lige nu, jeg giver op.

Sangskriverblues november 2016

Jeg ville så gerne skrive en rigtig sang,
sådan en med store følelser og masser af klang.
Men så hørte jeg, at hvis sangen skal være god,
skal man sige det samme gang på gang.
Altså man skal gentage den samme linje igen og igen
for at sangen kan blive rigtig god.
Og så tænker jeg, at det kræver ganske meget mod
sådan at sige det samme igen,
når man lige har sagt det én gang,
for jeg tror jo, folk har forstået det første gang.

Men jeg vil virkelig gerne lave en god sang,
så nu prøver jeg endnu engang
at gentage den samme linje igen,
for at sangen kan blive rigtig god.
Men jeg går nok helt i stå,
hvis jeg ikke må komme videre i teksten,
fordi jeg hele tiden skal gentage den samme linje
igen.
Hvilken linje skal jeg så vælge at gentage igen og
igen?

Der må da virkelig være noget, jeg kan svælge
i og gentage i en uendelighed.
Noget som er betydningsfuldt
for at sangen kan blive fed.
Ulykkelig kærlighed og hjertesorg
er nok slet ikke nok,

selv om det er til at gå helt amok
over, hvis jeg skal blive ved med at gentage det
resten af livet.

Jeg plejer ikke at være så pivet, men lige det
har jeg ikke lyst til at gentage igen og igen,
Hverken i livet eller i denne sang,
som jo slet ikke er en rigtig sang,
men bare en historie, der er gået i stå.
For når man skal skrive en sang
er der noget, man må lære at forstå.
Så jeg gentager endnu engang,
at jeg virkelig har lyst til at skrive en sang,
men nu må det altså blive en anden gang.

Hvor blå kan man bli' 2.2.2017

Rummet var næsten tomt, da jeg kom.
Jeg købte en øl og ventede på koncerten.
Der kom flere gæster i lokalet, musikken gik i gang.

Guitaren spillede blues for fuld udblæsning.
Ind kom en lille mand med en kuffert i hånden.
Han gik op på scenen, satte kufferten og ventede.
Der blev sunget 'How bluuuuueee can you get?'

Det kunne jeg godt fortælle noget om,
for jeg var temmelig 'blue' den dag.
Min kæreste var lige gået fra mig med ordene:
"Jeg elsker dig sgu, men jeg vil ikke ha' dig allige-
vel.

En mand som mig rækker ikke til en kvinde som
dig."
Så jeg ved godt, hvor blå man kan bli',
når det skærer i hjertet, og alt går i stå.
Når man ved, at der bare er noget man ikke kan få.

Den lille mand lukkede kufferten op og tog sin
mundharpe frem.
Tiden stod stille, mens han spillede magien ind i
rummet.
Med tonerne tryllede han umulige billeder frem for
mine øjne.

Bjergtinder så høje, at solen forsvandt,
Rullende floder med brusende bredder.
Og lige der, midt i musikken, ramte han min blues.
Forvandlede den til en regnbue, solen kom frem.
Tørrede mine tårer og dulmede smerten i mit bryst.

'Den lille mand' hedder Johnny Waken, og han spillede til en Americanakoncert sammen med en anden amerikansk musiker, Jonathan Byrd, arrangeret af MC Hansen på SmallStars.
Jeg oplevede det som en magisk aften på grund af deres tekster og deres samspil med Johnny på mundharpe. Bagefter var jeg så fyldt op, at jeg var nødt til at gå hjem og skrive en hyldest til Johnny Waken. Efterfølgende sendte jeg teksten til ham, oversat til engelsk.
Han svarede:

" Marianne, you are incredible! Very lovely and deeply moving words.
You touched upon such rawness with a soft caress.
Thank you dear!
Live slow."

Forvandlingsblues 4.3.2017

Jeg vil møde en mand,
siger kvinden med et smil.
En mand som er moden
og har et sikkert blik.
Han skal være ærlig og rar
og blive den perfekte far.
Hun søger over hele kloden,
og en dag siger det klik.

Du er den dejligste kvinde
en ægte gudinde,
siger han og tager hendes hånd.
Hvis vi slår os sammen
og knytter et bånd,
så vil jeg være din
for evigt, siger han
og gør hende smuk.

Hun stråler og lyser,
en kærlighedsgyser.
Hun svæver i himlens
kasteller af ønsker
om store følelser
og trofaste mønstre.
Lad det vare for evigt,
lad mig altid være smuk.

Du er en kedelig kvinde,
tag nu at forsvinde,
siger han og slipper hendes hånd.
Lad os gå hver sin vej.
Jeg har fundet en anden,
nu knytter vi et bånd.
Hun er min kære
for evigt, siger han.

Tosomhed er megasvært,
hvis man ikke får det lært.
Hvorfor skal man kæmpe
for den store kærlighed,
når man med et enkelt klik
kan blive skilt med NEM ID.

Poetens blues 4.5.2017

Det blanke papir stirrer grådigt på mig,
brænder sig langt ind i min sjæl.
Jeg vil, jeg skal, jeg har lyst
til at skrive en historie,
men tankerne smuldrer
som dug for solen,
Jeg har noget på hjerte,
men modet svigter.

Findes der noget værre
end tomhedens blues.
Når alt er ligetil
og dog så langt væk.
Jeg kæmper forgæves,
prøver igen og igen.
Nu er det vist på tide
at ringe til en ven.

Du skal være villig
til at give slip på det hele.
Du skal give efter
og turde gå helt ud over kanten.
Derude hvor bølgerne ruller,
og stormene suser.
Der hvor du er på vej ud i dybet.
Der hvor du bliver svimmel.

Når kvalmen trykker i dit bryst,
skal du slå vingerne ud
og lade dig løfte op
i smertens Helvede.
Der vil du smage
den søde befrielse.
Kun derfra kommer du videre,
kun der ligger ordene klar.

Jeg slipper alle tøjler,
kaster mig ud i det tomme rum.
Stirrer tilbage på papiret,
lader pennen styre.
I skabelsens time
skal du finde dit sande jeg.
Der er kun en vej,
der viser dig hjem til dig.

Opfindsomme mænd 2017

Jeg kender ingen så opfindsom,
som en mand, der er ude på lir.
Han higer og søger på nettet,
og finder de lækreste pi'r.

Han skriver en kælen profil,
og praler af fler' dimensioner.
Jeg læser det hele med smil,
ser frem til at se hans makroner.

Han sender et billed' i fuld figur,
hvor antennen stritter lige op.
Han ved, jeg vil kigge og lur',
og beundre hans sexede krop.

Vi skriver sammen både dag og nat,
om drømme og fantasier.
Han begynder at kalde mig skat,
si'r: "Du er ikke som de andre piger."

Han skriver i lange baner,
og fortæller med lyst i pennen,
at han føler, mærker og aner,
at jeg skal være vennen.

Jeg længes og hopper på krogen,
jo mere han lover i sit skriveri.
Her skal jeg ikke følge bogen,
blot vente spændt på hans frieri.

Løfter er så nemme at bryde,
og skønne drømme kan briste.
Det er nemt at lade sig snyde,
og lykken gør ondt at miste.

En dag tager jeg en tur med toget
og går ind i stille**zonen**.
Så sker det, jeg mister sproget,
for der sidder han sgu med konen.

Blues beginning 9.10.2017

Det var en tilfældig aften engang i september,
der skulle være blues i Vordingborg.
Blues er lige noget for mit 'temper',
og det er skønt, når man har hjertesorg.
Så jeg gik glad på SmallStars som gæst,
og hold nu fast, det blev en rigtig fest.

For Honky Tonk er noget ganske særligt,
det swinger godt, og det er ærligt.
Henrik spiller passioneret på klaver,
Spike håndterer trommerne med mer'.
Jonas synger smukt og laver spas,
mens Christian lægger bunden med sin bas.

Jonas kom hen til mig i pausen,
kan du fortælle en historie på to minutter?
Aha, tænkte jeg og fik ondt i mavsen,
det er svært, jeg tror, jeg smutter.
For jeg kan ikke synge, så jeg sagde nej,
men Jonas sagde: Du skal, og vi støtter dig.

Jeg måtte tænke længe over denne sag,
for en udfordring kan jeg virkelig lide.
Og det med at fortælle er nu engang mit fag.
Men hvad i alverden skulle jeg sige,
for var der overhovedet blues i min indre sang?
Jeg tog bolden op og gik i gang.

Trofast kommer folk fra øst og vest,
vi må stå i kø i lange rækker,
vi vil alle med til denne fest.
Musikken den er overlækker
(eller skulle jeg sige musikerne)
Vi mødes her den første torsdag,
og alle bliver til sidste taktslag.

Mit liv ku' godt se ud som sus og dus,
men jeg har ofte taget ganske fejl.
Så der var dælme meget blues,
da jeg fik kigget ind bag smilets spejl.
Jeg gik med på denne skøre leg,
og nu er bluesen blevet en del af mig.

Spil dansk 2.11.2017

I dag taler vi dansk til musikken,
altså ingen fremmede ord i replikken.
I aften skal vi hædre vort danske sprog,
og enhver som lytter, bli'r glad i sit låg.
Hvor kommer sproget egentlig fra?
Engang talte man jo bare med billeder.

Hvordan gik det til, at dansk blev dansk,
og noget andet det var udenlandsk?
Når mennesker vandrer rundt i verden,
tager de sproget med på deres færden.
Førhen gik man på sine ben fra sted til sted,
nu fører nettet mange nye gloser med.

Hvor mange ægte danske ord vi mon finder,
hvis vi kigger dybt i gamle minder?
'Blues', det var oprindeligt tysk og betyder blåt,
og ordet 'band', det lyder rigtig godt,
fordi det stammer fra italiensk
og er en gruppe, der samles om en fane.

'Jam' betyder syltetøj og at mødes om en leg.
Men det stammer fra latin og betyder bare 'jeg'.
'Small' som for os jo ganske engelsk klinger,
var blot 'smal', som blev ført ud med vi-kinger.
'Stars' betyder stjerner, og for os er stedet 'in',
men det kommer fra 'stella' og er gammel latin.

'Honky' stammer fra Amerika, og er en mand,
som kom fra Ungarn og rejste fra sit land.
Men 'Honky Tonk' betyder billig natklub
og musik, der spilles på klaver.
Men her er det jo Jonas, Kristian og Henrik,
og Spike, der leverer musik med mer'.

'Goose' er gås og fra latin som ordet 'anser'.
vi hygger med musikken, men ingen danser.
Pladsen her er nemlig alt for trang,
så vi må nøjes med en herlig sang.
Sproglektionen den er slut for nu,
så lad os endelig få lidt mere 'blu'-sss.

Levet liv 29.11.2017
Hvordan er det egentlig med det der 'levet liv',
med alderen er det slut med tidsfordriv.
Der er meget at nå, før jeg lægger mig til at dø,
jeg vil leve og danse og måske så et par frø.
Jeg vil mødes med dem, jeg holder af,
jeg vil give tilbage til dem, som noget gav.

Forleden dag gik jeg en tur på gaden
i min egen verden inde bag facaden.
Der mødte jeg en meget gammel bekendt,
som var rejst engang til et andet segment.
Ville væk fra os andre, men mest fra sig selv,
og med det havde han ikke haft større held.

"Vi må da ses en dag," sagde han og kiggede væk.
"Det må vi da," svarede jeg og tænkte 'Aij hvor
kæk'.
Hvad har vi egentlig mere sammen?
Engang var alting nemlig fryd og gammen.
Men tiden den er ganske stille gået nu,
der er ikke mere liv i 'jeg og du'.

Sku vi mødes for at rippe op i gamle sår?
Eller prøve på at klinke knuste skår?
Nej nu er sandet løbet ud i stranden,
vi er begge blevet til en anden.
Han ville være konge i mit rige,
men nu har jeg bare ikke mere at sige.

Mumbai blues 8.2.2018

Et nyfødt barn ligger trygt i sin mors arme.
Hun ammer det kærligt og deler sin varme.
Moren er slank - og i smukkeste stoffer,
Hun sku være lyk'lig og ikke et offer.
For fattigdom, sult og elendighed,
kan aldrig fjerne en moders kærlighed.

Hun strækker armen frem, mens tarmene rumler,
her er ingen tid til leg og børn, der tumler.
Busser ruller forbi med rige turister,
kvindens liv er ikke noget, der frister.
Hun elsker sit nyfødte barn uanset hvad.
Det eneste, hun mangler, er bare lidt mad.

Et barn vokser op, hvor en mor bygger rede,
et fortov i Mumbai bli'r barndommens gade.
Mange må tigge for at tjene til livet,
her er intet håb på forhånd givet.
Historien er grim, og umulig at løse,
så længe vor verden bli'r ved med at døse.

*Teksten er skrevet efter en tur til Indien, hvor jeg del-
tog i en international fortællefestival. Alle steder sås
den store forskel mellem rig og fattig. Kontrasten
mellem fattige kvinder i farvestrålende silkesarier og
livet på gaden mellem dieselosende busser og horder
af motorcykler glemmer jeg aldrig.*

Facebookblues 1.3.2018

'Hvad har du på hjerte?' spø'r Facebook med et smil,
og alle forventer et kækt og hurtigt svar.
Tjoe, jeg går da og tænker på min nye bil
og de penge, som jeg nu ikke længere har.
Vi vil alle fortælle den bedste historie
og håber, at alle kan se vores glorie.

Nu har jeg for eksempel ikke nogen kat,
den er nemlig død for meget længe siden.
Så jeg ku' måske godt bruge en lille skat,
som jeg vil kunne vænne mig til med tiden.
Jeg ku' prale med at få leveret morgenmad,
få kram og kærlighed og altid være glad.

Jeg ku skrive om udflugter ud i det blå,
interessante samtaler om dit og om dat.
Men aldrig fortælle, når jeg om natten lå
og tænkte på, om han havde en anden skat.
Jeg sendte tit i Messenger en kort besked,
og når han ikke svarede prompte, blev jeg ked.

Facebook skal ikke vide alle ting om mig,
så jeg tier helt stille om det, der gør ondt.
I stedet fortæller jeg livet som en leg,
imens livets fantasi drejer sikkert rundt.
Så kære Facebook, det, jeg nu har på hjerte,
er jo bare en gammel og velkendt smerte.

Den rigtige + Blue moon_ 3.5.2018
(fra digtsamlingen 'Blå måne skinner hvidt lys' af
Marianne Christensen)

Den rigtige
Jeg danser til lyden af min lykkerus.
Jeg lader, som om alt er sus og dus.
I aften åbner jeg mit hjerte,
som om der ikke findes smerte.
Livet skal leves tag for tag,
jeg er klar på den yderste dag.

For længe siden var der ro i mit sind.
Den rigtige mand var lukket ind.
Vi delte hus og seng og bil,
for tosomhed var lige vores stil.
Vi var sammen i mange glade år,
bag facaden blev der klinket skår.

Intet er kun sort eller hvidt,
det går godt, og det går skidt.
Vi var, som folk er flest,
kærligheden fyldte allermest.
Forskellige med hver sit liv,
og dog perfekte som mand og viv.

Den dag døden satte foden ind,
lagde han hånden på min kind.
'Jeg vil altid elske dig
og vandre på den samme vej´.

Han skulle ikke blive flere år,
han blev end ikke 'sixty four'.

Vore veje skiltes med et suk,
døden kan faktisk være smuk.
Smerter var forsvundet,
angsten overvundet.
'Altid' var for evigt slut,
intet havde han fortrudt.

Kærligheden overvinder alt,
det vil sige – næsten,
når livshistorien er fortalt,
så slutter festen.
Døden vil jeg ikke danse med,
når det er tid, jeg skal afsted.

----- o O o -----

Blue Moon

Blue Moon.
Lyder bare
mere romantisk
end Blå Måne.

Alene i Arizona
under den hvide måne,
hele himlen oplyst.

Alene i verden
sammen med et band
og 100 gæster.
Who cares.
De har deres.

Nytårsaften
i Arizona.
Bandet spiller blues.
Blue Moon.

Omringet af bjerge
så gamle som
tidernes morgen.

Under himlen
midt i ørkenen
taler vi om,
at Blue Moon
er et sjældent fænomen.

Blue Moon
ikke spor romantisk.
Alene
til fest
med et bluesband.

Nobody cares.
Min verden findes
ikke længere.

Så meget ved jeg.

Nytårsaften.
Ny begyndelse.
Nyt liv.
Enke.

Fra nu af
alene
med min blues.

Blue Moon
begyndelsen
til en blå tid.

Blue Moon,
hvid måne,
lys i natten.

Ny måne.
Nyt liv.

Solodanserblues 7.6.2018

Et skridt frem og to tilbage,
han vakler afsted for at nå sit mål.
Han si'r, der' ingen grund til klage.
Han har taget det i livet, han ku' tåle.

Det er slut med arbejde, sang og kvinder.
Familien er fløjet og fred være med det.
Han blev sgu aldrig rigtig nogen vinder.
Det bedste, han ved nu, er at fyre en fed.

Det kniber en del med at stå distancen,
de andre løb fra ham, fik en bedre start.
Nu kan han dårligt holde balancen,
og har droppet det med at spille smart.

Hver dag den daglige turnus i byen.
Han sover så længe om dagen, han kan.
Besøger hver aften 'Det rødeste lyn',
det værtshus der skaber en sørgelig mand.

Han prøvede så godt, han kunne,
dengang han var fyrig og ung,
nu bor han alene med sine hunde,
og lever fra hånden til sin mund.

Engang var han kærlig og glad
- en hjælpsom og redelig sjæl.
Nu er han ydmyg og nærmest flad,
og vælger at drikke sig halvt ihjel.

Selvhjælpsblues 30.8.2018

Vi er mange i det her land,
som søger, kvinde eller mand.
Ensomheden bli'r vor banemand,
og vores tårer kan fylde en spand.
Vi vil så gerne være lykkelige,
sådan helt igennem frisk og fri,
det skal ikke bare være hyggeligt,
det skal være en lykke, som kan gi' os et liv.
Healing, coaching, jordens salt,
drama, tantra, bolsjer med malt,
tro mig, jeg har prøvet næsten alt.
Ja, også det jeg ikke har fortalt.
Månesten og fine krystaller,
alt hvad der på lykken kalder,
jeg tror efterhånden, det bare er skvalder,
det er nok en trend i tidens alder.
En evig søgen efter ærligheden,
uden dog at miste værdigheden.
Er jeg mon alt for ubeskeden,
når jeg bare længes efter kærligheden.
Bare en lille smule lykke,
at kunne blæse tristhed og uro et stykke.
Så nu er selvhjælp blevet en krykke,
men hvornår vil det mon rykke?

Claudine
- et svar fra 'Jolene' 30.8.2018

Claudine, Claudine, Claudine, Claudine
You're begging of me please don't take your man
Claudine, Claudine, Claudine, Claudine
I will not take him just because I can
My beauty is beyond compare

I know I have my pretty hair
my ivory skin and eyes of emerald green
My smile is like a breath of spring
My voice is soft like summer rain
But you can well compete with me, Claudine.

He talks about you all the time
he even wants my name to rhyme
with yours, although my name is not 'Jolene'.
And I can easily understand
How I could easily take your man
But I don't want him in my life, Claudine

Claudine, Claudine, Claudine, Claudine
I'm begging of you please take back your man
Claudine, Claudine, Claudine, Claudine
I don't want him just because I can.

I can have my choice of men
Believe me he's not one of them,
I know he loves you most, Claudine

I want you to believe in me
your husband's not the right for me,
And you will have to keep him home, Claudine

Claudine, Claudine, Claudine, Claudine
I'm begging of you please take back your man
Claudine, Claudine, Claudine, Claudine
Please hold him back and love him as you can
Claudine, Claudine

Lydia 4.10.2018

Lydia holder fester,
vennerne er med som gæster
De danser hele natten,
Lydia hun er skatten,
hele festens forsytia,
sådan er det med Lydia.

Lydia ka' li' drenge,
hun spiller på alle strenge.
Når drengene vil lege,
så si'r hun ikke meget.
Hun sender de varmeste blikke,
men længere går hun ikke.

Lydia hun er dydig,
eftertænksom og lydig,
hun gør, som hendes mor si'r,
for hun er en af de pæne pi'r,
hun gør, hvad hendes mor si'r,
for Lydia hun er lydig..

Du kan ikke lokke mig,
du hører vel, at jeg siger nej,
jeg ved, du vil ha' mig,
men så må du tage mig
oprigtigt forsigtigt
og la' mig beskytte mig.

Lydia hun er dydig
eftertænksom og lydig
hun gør, som hendes mor si'r,
for hun er en af de pæne pi'r,
hun gør, hvad hendes mor si'r,
for Lydia hun er lydig.

Hvis Lydia la'r sig lokke,
er hun ikke til at rokke.
Hun er rigtignok villig,
men hun er ikke billig.
Selv om hun hedder Lydia,
vil hun ikke ha' Klamydia.

Efterårsblues 1.11.2018

Når safterne stiger, og duften bli'r sød,
så' det efterår, - sommeren er død.
Bladene falder, vinteren kalder,
snart skaber frosten en masse rabalder.

Livet på landet er sundt og godt,
her er plads til både stort og småt.
Folk flytter herfra, men også hertil,
helt ærligt - de må gøre, som de vil.

Jeg blev født til at være en bondetøs,
fri som fuglen, bare slå mig løs.
Jeg kender duften af den fede muld,
jeg ved, at roefrø kan bli' til guld.

Bilerne hænger i køer på vejen,
nogle sidder fast i pluttedejen.
Roerne skal frem, selv i sløveste fart,
selv om ikke alle finder det rart.

Fabrikkerne kører døgnet rundt,
men sukkeret - det er ikke sundt.
I luften kan roelugt hænge længe.
Bonden si'r: "Her dufter af penge."

Så når safterne stiger, og duften bli'r sød,
så' det efterår, - sommeren er død.
Bladene falder, vinteren kalder,
snart skaber frosten en masse rabalder.

Så når safterne stiger, og duften bli'r sød,
så' det efterår, - sommeren er død.

Blafrende kærlighed_ 6.12.2018

Melodi af Rebecca Nedergaard

De si'r, jeg skal komme videre,
men hvor er det sted, jeg skal hen?
For sandheden er, at jeg savner dig nu,
du kommer jo ikke igen.

De si'r, tiden læger alle sår,
men såret det åbnes igen.
For sandheden er, selv om tiden den går,
så kommer du aldrig igen.

Jeg savner dig
hver eneste dag.
Min kærlighed
går aldrig ned.
Den blafrer forvirret omkring.

Du sa', jeg sku' finde en anden ven,
men hvor er det sted, han kan bo?
For sandheden er, at jeg savner 'os to',
og du kommer aldrig igen.

Du sa', der er mørkt på den anden side,
hvor er du nu kommet hen?
Og sandheden er, at ingen kan vide,
om du mon får livet igen.

Jeg savner dig
hver eneste dag.
Min kærlighed
går aldrig ned,
Den blafrer forvirret omkring.

Når dødens lange arm
tager livet i sin favn,
den kaster ud sit garn,
og spø'r ikke efter vort navn.

Jeg savner dig
hver eneste dag.
Min kærlighed
går aldrig ned.
Den blafrer forvirret omkring.

Min kærlighed
går aldrig ned,
men hvor skal den bygge og bo?
Jeg savner bare 'os to'.

Vinterblues 7. marts 2019

Vinteren var alt for lang i år,
godt det atter snart er vår.
Bluesen trænger hurtigt ind,
når man ikk' bli'r aet på sin kind.
Ensomhed og tidsfordriv
viser ikke vejen til det gode liv.

Når man bli'r gammel og affældig,
skal man virkelig være heldig
for at blive set og måske hørt,
for nu er løbet ganske enkelt kørt.
Der er ingen munter vej tilbage,
kun lysten til konstant at klage.

Hvad nytter det med friværdi,
når man er trist og grå i toppen?
Når ens vildeste drømmefantasi
kun rækker til en tur i Bordershoppen.
Man ku' shoppe som en engelsk lord,
men maven higer efter Rittersport.

Man sygner stille hen i sind og krop,
gider ikke længere at stå op.
Husker nok man har et underliv,
men det er lukket som et glemt arkiv.
Det er slut med frække, røde kinder,
nu er det sjove bare gamle minder.

Kroppen følger tyngdeloven,
gider ikke gå en tur i skoven.
Før ku' man knække anemoner med nakken,
nu når man ikk' engang til snakken.
Næ, når man er fyldt de tres,
må man gøre sig selv tilfreds.

Gensynsblues 4.4.2019

Han ringer og siger, han vil mødes igen,
samle op på livet og være min ven.
Jeg mindes og husker en dejlig mand,
som engang ku' sætte mit hjerte i brand.

Mit hjerte danser af fryd og forventning,
havde ikke set mit liv gå i den retning.
Han skriver flittigt og nærer en tanke,
skal jeg nu gå ud ad følelsernes planke.

Vi mødes og hygger med middag og vin,
taler om gamle dage, får os et grin.
Han lokker med søde ord og varme smil,
jeg giver efter og dropper min dydige stil.

Han kysser min krop og priser mit sind.
Jeg åbner mit hjerte og lukker ham ind.
Vi elsker i natten og kalder det fest.
'Jeg kommer igen, jeg vil være din gæst'.

Jeg sidder tilbage, glad men befippet,
hvad skete der lige, det var da lidt flippet.
Vort venskab har varet i fyrre år,
uden så meget som et enkelt skår.

Så sender han mail, skriver "Tak for i nat.
Måske kan du hjælpe mig, være en skat?"
Det er så lige her, jeg syn's, han er lummer,
da han be'r om min bedste venindes nummer.

Forblændet af mælkevejen 2.5.2019.
Melodi og fremførelse af Ole Nielsen, som overraskede mig til Blues Jam. Fra 'Blå måne skinner hvidt lys", side 56. Skrevet 9.10.16 på vej hjem fra en aften med BluesJam.

Forblændet af mælkevejen
lægger jeg nakken tilbage
og smutter ud i det blå.
Ud i galaksen
et sted jeg ikke kan nå.

Derude hvor drømme
er virkelighed.
Derude hvor livet
er uendelighed.

Lad mig flygte ud af denne verden.
Lad mig tro, der er et bedre sted.
Lad mig vide, hvor det findes.
Lad mig komme hel afsted.

Jeg er træt af krig
og hadske toner,
sluk nu bare de kanoner,
og lad freden slippe ud

Kan vi sammen føle kærlighed,
kan vi nå den samme gud.
Lad os mødes under mælkevejen,
lad os holde livet ud.

Kom og tag min hånd,
så vi kan binde bånd,
hvis vi vil det, er det nok.
Glemme gammelt had
og la' være at gå amok.

Tiden er nu inde
Til at finde fælles fred
En beslutning og en vilje
er nu alt hvad der skal til.

Bajere, burgere, blues 7.6.2019

En lille, uhøjtidelig festsang i anledning af Blues Jam
i samarbejde med SmallStars ølklub.
Bajere, burgere, blues.

Nu må alle mand af hus',
sige goddag til nye venner,
kramme lidt med en, du kender.
Sidde pænt og lytte til musikken,
købe bajere i butikken.

Der er kæmpefest i gaden,
alle nyder godt af maden.
SmallStars ølklub skænker op,
indtil maven siger stop.
Løft dit glas og nyd musikken,
der er åbent i butikken.

For nye og faste skal vi feste,
og ikke ti vilde heste
kan holde os væk fra blues.
I aften skal vi drikke dus,
når vi skåler til musikken
og køber bajere i butikken.

Personalet gi'r den hele armen
både i kulden og i varmen.
De knokler, imens vi fester,
og sørger godt for alle gæster.
Vi elsker alle bluesmusikken,
og der er åbent i butikken.

Vi elsker alle bluesmusikken,
og der er åbent i butikken.

Ligestillingsblues_ 6.2.2020

Hvor svært kan det være, en politisk kommentar.

I vor verdens kamp imellem mænd og kvinder
er der bare ingen rigtig vinder.
Jeg er en kvinde med nogenlunde forstand,
men det kniber sgu med at forstå det der 'mand'.
Jeg drømmer om lighed i både småt og stort,
men det er vist lettere sagt end gjort.

Der er mange, som kan sætte mit hjerte i brand,
men det er altså hverken Trump eller Erdogan.
For dem er kvinder vist lidt som dyr i en zoo,
og de forbander kvindekamp og #MeToo.
'Kvinder skal føde børn og være manden tro',
imens de selv tager tingene helt med ro.

Erdogan siger: 'Barnebrude er en dårlig sag,
så voldtag dem og gift dig med dem næste dag.'
Trump han roder gerne ved en kvindes skød
og synes ikke, at kvinden skal klage sin nød,
for han er en stjerne og ka' gøre, hvad han vil,
så han tager en ekstra Tic Tac for at pleje sit smil.

Hvad er det for en situation,
vi er havnet i i denne verden?
Kom frem og vis nu jeres indignation
over folk med denne færden.
Når vi har lighed mellem mænd og kvinder,
er <u>det</u> nemlig en leg, hvor alle vinder.

Undskyld blues 6.2.2020
– et omvendt svar til 'How blue can you get'

Jeg har været langt nede,
siden vi mødtes første gang.
Ja, jeg har været lagt nede,
siden vi mødtes første gang.
Vores forhold er det rene blues mand,
det går helt over min forstand.
Undskyld.

Jeg har været ond ved dig skat,
og jeg har været jaloux hver eneste nat,
jeg har været utaknemmelig skat,
jeg kan se, det gør dig mat.
Jeg ved, du elsker kun mig,
og det med andre pi'r er bare en leg.

Du gav mig en spritny bil,
jeg takkede med et hånligt smil.
Du inviterede på den fineste mad,
jeg sagde: 'Den pizza er vist lidt flad.'
Du lod mig bo i din penthouse,
jeg sagde, jeg må ha' en pause.

Jeg fik 7 små bonus børn,
jeg sagde, nu må du tage en tørn.
Jeg siger undskyld baby,
for at have såret dig.
Ja, jeg siger undskyld baby,
fordi jeg gav mit liv til dig.

Lovgivningsblues 5.3.2020
Om samtykkeerklæringer og konsekvenser

Der var engang, hvor det var sjovt at gå i byen,
hvor alting kunne ske, uden at nogen hævede et bryn.
Det var dengang kvinder var kvinder, og mænd var
mænd,
og ingen turde sige det højt, hvis hen var en hen.
Heldigvis har vi fået meget bedre takter nu,
hvor enhver med sindsro kan kalde sig en 'hr' eller
'fru'.

Det går godt med frit valg, når kønnet skal bestem-
mes,
for tiderne ændres, og nye toner kan fornemmes.
Nu skal vort intime liv skrives ned i dokumenter,
og den førhen frie sex vil ende som monumenter
om engang, hvor folk ku' tales ved om slige sager,
når begæret brød ud hos både trind og mager.

Nu kan man ikke længere bare knalde løs i flæng,
eller lande uforberedt i en hvilken som helst seng.
Nu skal den slags selvfølgelig være samtykkebaseret,
og det er ikke nok, at det er mundtligt organiseret.
Skal der nu ikke sættes flere børn i verden,
når vi ændrer på den seksuelle færden?

Al libido vil ganske langsomt komme ud af drift,
imens vi venter på en gyldig underskrift.
Hvis jeg er fuld eller dopet, skal straffen skærpes,
og det bliver sikkert nok med både hiv og herpes.
Fremover skal retten afgøre, hvad der er voldtægt,
og jeg frygter, at onani nu går hen og bliver selvtægt?

Corona bliver årets ord

Den 11. marts 2020 er Covid 19 så udbredt, at Danmarks statsminister Mette Fredriksen i samråd med sundhedsmyndighederne beslutter, at der skal indføres en masse restriktioner, så vi prøver at undgå, at for mange bliver syge og dør. Det betyder, at vi ikke må samles for mange mennesker, spillesteder og restauranter lukkes ned, og vi må blive hjemme så meget som muligt.

I september åbnes lidt igen, og vi kan mødes til bluesjam på Stars, men denne gang mødes vi i den store sal, hvor der er bedre plads. Det betyder, at vi nu står på en større scene, folk sidder med større afstand ved bordene, der sprittes af alle vegne. Vi må ikke gå rundt til hinanden, og vi må kun forlade vores pladser for at gå i baren og på toilettet. Folk opfordres til at samle deres bestillinger, så kun en ad gangen fra et selskab går i baren og køber ind. Vi må ikke blive stående i baren, og alle skal bære mundbind, når vi ikke sidder ned.

På vej ned til min plads kommer jeg forbi en af stamgæsterne, som altid spørger, om jeg har noget nyt med. Jeg siger ja, og han siger:

"Nu er det forhåbentlig ikke noget om det Corona, for det er jeg dælme træt af at høre om."

Men det er det, for det er jo lige præcis det, vi alle er fyldt op af, og det forløser at skrive om det og sige det højt.

Corona-blues 3.9.2020

Alting står stille i en verden sat på pause,
vi parerer ordre og bliver pludselig tavse.
TV transmitterer fællessang for millioner.
Mon det hjælper mod vore depressioner?
Vi mødes i et pseudofællesskab bag skærme og for
lidt plads,
fejrer fødselsdag for dronningen, som ensomt kigger
med fra sit palads.

Corona kom og væltede hele verden,
forgæves prøver vi at undgå smerten,
mens onde vira kravler rundt i skyggen.
Vi kan bare sidde og klø os selv på ryggen.
Vi mødes i et pseudofællesskab bag skærme og live
musik på Facebook,
mens nogle vælger hyggen til og tømmer stærke fla-
sker kluk efter kluk.

Vi får meget hurtigt lært at sige Covid 19
og skal for enhver pris undgå smitten,
vi skal vaske hænder og altid huske spritten
men ingen kram, og det gælder hele molevitten.
Vi mødes i et pseudofællesskab bag skærme, ser Net-
flix, HBO og serier.
Vi lytter kun til dansk musik, og mange må holde
tvungne ferier.

Spærret inde i sin egen sorg og længsel
glemmer man meget snart sit eget navn
Men nå nej, det er jo ikke et fængsel,
selv om det føles sådan med et ubærligt savn.
Vi mødes i et pseudofællesskab bag skærme sammen
hver for sig
får alt for lidt motion og for meget mad, eller er det
bare mig?

Når verden langsomt åbner igen for livet,
får det så en ganske anden kvalitet?
Vi har lært at intet mer' er givet
og venter kun på flokimmunitet.
Vi mødes i et ægte fællesskab uden skærme og til
munter leg,
vi kan kramme med hinanden, og hold nu fast hvor
jeg dog glæder mig.
Vi mødes i et ægte fællesskab uden skærme og til
munter leg,
vi kan kramme med hinanden, og hold nu fast hvor
jeg dog glæder mig.
Hold nu fast, hvor jeg dog glæder mig.

*Da jeg skrev sangen, var samfundet så småt begyndt
at åbne igen. Ingen kunne forestille sig, at der ville
komme en ny, langvarig nedlukning. Hvor længe den
vil vare, vides ikke nu i skrivende stund.*

Blues til Jens 4.11.2020

Mit hjerte står stille,
mit blod bliver koldt.
Jeg føler mig så lille,
giver slip og
lader tårerne trille.
En efterårsdag mister
sin varme glød,
beskeden på Facebook fortæller,
at Jens han er død.

"Vi skal leve livet
med latter og gnist,
jeg er selv en ukuelig optimist."
Sådan skrev han en aften i juli,
han tænkte, at livet var evigt,
og intet for ham var umuligt.
"Vi skal skrive mange sange sammen,
det skal være blues,
ikke bare fryd og gammen.

Vi skal skrive om sorger og glæder,
når man som mand er fyldt 50.
Selv har jeg haft et godt liv
og er ganske enkelt tilfreds.
Jeg elsker min kone
og vore skønne børn.
Men jobbet kræver,
at jeg tager en ekstra tørn.

Med årene tænker jeg tit på min far,
og jeg spiller ofte på hans gamle guitar.
Han var en kunstner og hippie i tiden,
han døde ung, jeg har savnet ham siden.
Jeg selv lever livet med musik og gnist,
så jeg er en ukuelig optimist.”

Jens drog afsted med et smil på læben,
lad os mindes hans liv - uden flæben.

*Jens Friis Sørensen (26.8.1964 – 18.10.2020) var
sanger og guitarist.
Han optrådte flere gange alene som jammer eller
sammen med sit band. Ofte kom han som gæst, og al-
tid havde han et venligt ord tilovers for mine tekster.*

Forever blue

I am listening to a pretty song that came to me,
not the words but just the melody.
It reminds me of the happy life we used to live.
I gave you everything I had to give.

But then you walked away,
you felt the urge to go astray.
I looked for harmony to keep my heart in peace.
You said you had to leave,
I had nothing more to give.
My life's forever blue
without you

I remember all the times we used to dance around,
and I lifted you so high above the ground.
You would swing and jump so light, just making fun
of me.
I would hold your hand and we would both be free.

But then you walked away,
you felt the urge to go astray.
I looked for harmony to keep my heart in peace.
You said you had to leave,
I had nothing more to give.
My life's forever blue
without you.

We committed to a life where we could live in peace,
then you flew away just like a summer breeze.
I surrender to a life where I'm forever blue,
when I look upon a star and think of you.

Because you walked away.
You felt the urge to go astray.
I looked for harmony to keep my heart in peace.
You said you had to leave,
I had nothing more to give.
My life's forever blue
without you

Teksten blev skrevet på bestilling af komponist og guitarist Thomas Nielsen. Thomas sendte musikken, hvorefter jeg skrev teksten. Der blev jeg sat på en vældig prøve, fordi jeg havde svært ved at lytte mig frem til taktslagene.
Sangen kan høres på YouTube, hvor den er indspillet I Tobias Foltings lydstudie. Musikken og flere instrumenter er af Thomas, Jens Lohman synger, og Tobias Folting spiller trommer.

Forever Blue - YouTube

Så blå kan man bli'

Hvor blå kan man bli'?
Sådan dybt og helt indeni?
Fortvivlet, forrevet, forslået,
helt på bunden, intet opnået.
Så blå at alt går i stå,
mens verden drejer på må og få.

Der vil jeg ikke lande,
jeg vil hellere svovle og bande.

Skrive mig selv på plads,
skrive til pennen løber tør,
skrive til jeg bliver mør.
Lade hjertet smelte som smør.
Jeg vil, og jeg tør.

Så blå kan jeg bli',
at jeg kun har,
hvad jeg kan gi'.

Alle videoer kan ses fra min hjemmeside:
Mariannes Blues - Marianne Christensen

TAK

Tak til alle, som har bidraget til at denne bog kunne
lade sig gøre.
Tak til SmallStars Blues Band, publikum og de frivil-
lige på STARS.
Tak til alle jammere, som har været med på scenen
undervejs.
Tak for bifald og sjove bemærkninger.
Tak for opfordringer, stikord og opbakning.
Tak til venner og bekendte for ros og ris.
Tak til de muser, som har inspireret mig gennem
årene.